BEI GRIN MACHT SICH IHR WISSEN BEZAHLT

- Wir veröffentlichen Ihre Hausarbeit,
  Bachelor- und Masterarbeit

- Ihr eigenes eBook und Buch -
  weltweit in allen wichtigen Shops

- Verdienen Sie an jedem Verkauf

Jetzt bei www.GRIN.com hochladen
und kostenlos publizieren

GRIN

Alexander Bihn

Gründe für den Kriegseintritt Japans in den Zweiten Weltkrieg

GRIN Verlag

Bibliografische Information der Deutschen Nationalbibliothek:

Die Deutsche Bibliothek verzeichnet diese Publikation in der Deutschen National-
bibliografie; detaillierte bibliografische Daten sind im Internet über http://dnb.d-
nb.de/ abrufbar.

Impressum:

Copyright © 2013 GRIN Verlag GmbH
Druck und Bindung: Books on Demand GmbH, Norderstedt Germany
ISBN: 978-3-656-44523-4

Dieses Buch bei GRIN:

http://www.grin.com/de/e-book/215896/gruende-fuer-den-kriegseintritt-japans-in-
den-zweiten-weltkrieg

GRIN - Your knowledge has value

Der GRIN Verlag publiziert seit 1998 wissenschaftliche Arbeiten von Studenten, Hochschullehrern und anderen Akademikern als eBook und gedrucktes Buch. Die Verlagswebsite www.grin.com ist die ideale Plattform zur Veröffentlichung von Hausarbeiten, Abschlussarbeiten, wissenschaftlichen Aufsätzen, Dissertationen und Fachbüchern.

Besuchen Sie uns im Internet:

http://www.grin.com/

http://www.facebook.com/grincom

http://www.twitter.com/grin_com

Gründe für den Kriegseintritt Japans in den Zweiten Weltkrieg

Von Alexander Bihn

Größte Ausdehnung des
Japanischen Kaiser-
reichs während des
Zweiten Weltkriegs

22.04.2013

Geschrieben im Fach Geschichte (G1),
In der Jahrgangsstufe Q1 im Schuljahr 2012/13

Inhaltsverzeichnis

Einleitung

Diese Facharbeit widmet sich den Gründen, die das Japanische Kaiserreich veranlasst haben mögen, in den 2. Weltkrieg einzutreten. Die Bearbeitung dieses Sachverhaltes erfolgt dabei entlang der Frage, ob es allein politische oder wirtschaftliche Überlegungen waren, die zum Pazifikkrieg führten, oder ob sich die Ursachen für diesen Konflikt doch vielschichtiger gestalteten, bzw. Aspekte eine Rolle spielten, die nur bei näherer Betrachtung und Analyse ersichtlich werden.

Wie kam es dazu, dass die japanischen Machthaber einen Krieg mit den Amerikanern und den Angriff auf Pearl Harbour für geboten hielten? War Japan damals wirklich militärisch in der Lage, den USA die Stirn zu bieten? Warum war das Japanische Kaiserreich beim Kriegseintritt mit den Achsenmächten verbündet? Gab es auch in Japan eine unerbittliche Ideologie, bzw. einen Faschismus, der das Land zielgerichtet in den Krieg führte?

Solche und ähnliche Fragen beschäftigten mich schon länger, daher beschloss ich, meine Facharbeit im Bereich der Geschichtswissenschaft zu verfassen, um mich näher mit dem auseinandersetzen zu können, was mich ohnehin schon interessiert. Denn Japan und seine Geschichte waren für mich immer schon sehr reizvoll und Darstellungen jeglicher Art in Fernsehen, Radio oder dem Internet für mich sehr interessant. Ich musste allerdings feststellen, dass der Geschichtsunterricht über alle Sekundarstufen hinweg doch sehr auf Europa fokussiert ist. Andere Kontinente wie etwa Südamerika, Afrika, oder auch der Ferne Osten konnten, wenn überhaupt, nur in Form von Exkursen oder kurzen Schülerreferaten angerissen werden, was ich immer recht schade fand.

Daher war es für mich umso spannender, mich jetzt einmal etwas ausführlicher mit einem solchen Thema befassen zu können. Dabei änderte sich mein Blickwinkel auf die Weltgeschichte zwischen 1900 und 1945 merklich, da zu der deutschen und teilweise vorhandenen amerikanischen Sichtweise auf die Geschichte der beiden Weltkriege und die damit verbundenen Ereignisse auch die Perspektive Asiens, insbesondere Japans, hinzukam.

Wie bereits eingangs erwähnt, stellte sich mir besonders die Frage, warum Japan die Großmacht USA 1941 in den 2. Weltkrieg hineinzog und ob es für dieses Vorhaben nachvollziehbare Gründe seitens des Kaiserreiches gegeben hatte. Um dieser Sache auf den Grund zu gehen, begann ich mit meinen Nachforschungen zur Zeit des 1. Weltkrieges, weshalb zuerst die Folgen eben dieses Konfliktes für Japan dargestellt sind.

Als Quelle für meine Recherchen diente mir dabei deutsche Fachliteratur der letzten Jahre.

Hauptteil

Folgen des Ersten Weltkrieges

Bei Kriegsausbruch im Juni 1914 war das Kaiserreich Japan Bündnispartner von Großbritannien. Daher war es, aufgrund der Bedrohung des angelsächsischen Frachtverkehrs, aufseiten der Alliierten in diesen Konflikt involviert (vgl. Zöllner 2009: 330). Aus britischer Sicht sollte der fernöstliche Partner nur die deutschen Hilfskreuzer bekämpfen, die potenzielle Gefahren für britische Handelsschiffe darstellten.

In Japan selbst hielt man den Krieg allerdings für eine „günstige Gelegenheit, seine regionale Vormacht in Ostasien weiter auszubauen (vgl. Zöllner 2009: 330)". Aus diesem Grund setzte man alles daran, die deutschen Besitzungen in China und die ebenfalls unter der Verwaltung des Reiches stehenden Südseeinseln zu erobern. Des Weiteren strebte man in Tokio an, seinen Einfluss auf China enorm auszubauen, während die übrigen Großmächte in Europa abgelenkt waren (vgl. Zöllner 2009: 331).

Durch die erzwungene Zustimmung zu einem für China ungünstigen Abkommen setzte Japan sich dabei im Westen deutlicher Kritik aus, vor allem seitens der USA (vgl. Zöllner 2009: 332). Ansonsten hielt der 1. Weltkrieg für Japan politisch gesehen keine großen Veränderungen parat, wenn man einmal von der Gründung einer kommunistischen Sowjetunion absieht, die allen kapitalistischen Staaten, außer Deutschland, ein Dorn im Auge sein musste.

Wesentlich wichtiger war hingegen der wirtschaftliche Aufschwung, den das Kaiserreich während des Krieges erlebte. Da man selbst kaum in kriegerische Auseinandersetzungen verwickelt war, die europäischen Nationen aber dringend Kredite und Rüstungsgüter benötigten, erzielte Japan enorme Handelsüberschüsse. Alleine „von 1915 bis 1918 verdreifachten sich die japanischen Exporte (vgl. Zöllner 2009: 333)".

Während der Staatshaushalt des Kaiserreiches also nach dem Russisch-Japanischen Krieg noch von Schulden geprägt war, wurde man nach dem 1. Weltkrieg zu einem bedeutenden Gläubiger auf internationaler Ebene (vgl. Zöllner 2009: 333). Durch die enorme Menge an ausländischen Devisen konnte man innerhalb Japans große Investitionen im Sinne der Modernisierung tätigen. So war beispielsweise 1917 der Anteil der Maschinen, die mit Elektrizität anstatt mit Dampf betrieben wurden, erstmals höher. Außerdem wurde die Mehrheit der japanischen Fabriken mit elektrischem Licht ausgestattet und die Anzahl der Kraftwerke verdoppelte sich (vgl. Zöllner 2009: 334).

Dieser enorme wirtschaftliche Aufschwung führte unter anderem auch zu der in Japan sehr stark ausgeprägten Verbindung zwischen Wirtschaft und Staat (vgl. Zöllner 2009: 334), deren Einfluss bis wenige Jahre vor dem 2. Weltkrieg erhalten bleiben sollte.

Bedeutende Auswirkungen auf die japanische Entwicklung hatten auch die Friedensverhandlungen nach der Kapitulation Deutschlands.

Eine einschneidende Erfahrung, vor allem für die japanische Öffentlichkeit, war dabei die Ablehnung der von Japan vorgeschlagenen Antirassismus-Bestimmungen für die Satzung des Völkerbunds. Die angestrebte Formel scheiterte vor allem an den USA und Großbritannien, was in Japan
für Verbitterung sorgte (vgl. Zöllner 2009: 342/343).

Ferner wurden dem fernöstlichen Staat jedoch die ehemals deutschen Südseeinseln und die über-
nommenen Besitzungen in China zugestanden, was jedoch für eine weitere Verschlechterung der
chinesisch-japanischen Beziehungen sorgte (vgl. Zöllner 2009: 343). Infolgedessen kam, es im von
politischen Unruhen bestimmten China, zu Massenkundgebungen gegen Japan und zum Boykott
von japanischen Waren (vgl. Krebs 2009: 41). Ein Vorgang, der sich in den folgenden Jahren noch
mehrmals wiederholen sollte und für die japanische Wirtschaft nicht unerheblich war.

Außerdem festigte sich, im Zuge einer gemeinsamen alliierten Operation im fernöstlichen Teil der
Sowjetunion, der Griff der japanischen Armee auf die nördliche Mandschurei, was die Möglichkei-
ten zur Einflussnahme in Ostasien seitens des Kaiserreiches verstärkte (vgl. Krebs 2009: 42).

Eine weitere Beobachtung ist, dass die Erfahrungen, die man mit den Alliierten während und nach
dem Krieg sammelte, zum Beispiel im Völkerbund oder bei den Verhandlungen zum Versailler Vertrag, im Kaiserreich Japan, zumindest in gewissen Kreisen, zum Aufkommen eines gewissen „Pan-
Asianismus" (vgl. Krebs 2009: 45) führten.

Obwohl man zwar im Völkerbund „neben Großbritannien, Frankreich und Italien ständiges Mit-
glied im Führungsrat [war] (vgl. Zöllner 2009: 343)", herrschte in Japan doch Ernüchterung über
das fehlende politische Gewicht vor (vgl. Zöllner 2009: 344).

Meiner Meinung nach liegen schon hier die Wurzeln für die spätere Abneigung der japanischen Eli-
ten gegenüber allem Westlichen und ihrem Streben nach einem Großostasien, das von westlichen,
bzw. „weißen" Einflüssen frei sein sollte. Diese Tendenz lässt sich schon recht gut aus dem Gedan-
kengut des späteren Premierministers Konoe Fumimaro herauslesen, der als Beobachter der Versailler Konferenz zu dem Schluss kam, dass der „Erste Weltkrieg [...] nicht als Sieg von Demokratie
und Recht anzusehen, sondern [...] durch rein wirtschaftliche Überlegenheit der Alliierten entschieden worden [sei] (vgl. Krebs 2009: 45)".

Soziale Gründe

Obwohl die Modernisierung in Japan erst spät einsetzte, ging die Entwicklung, einmal begonnen, sehr schnell voran.

Die Veränderungen auf sozialer Ebene führten dazu, dass man Japan schon in den 1920er Jahren eine Bildungsgesellschaft nannte (vgl. Zöllner 2009: 303). Die neuen Universitäten und anderen elitären Bildungseinrichtungen boten von nun an wohl die Basis für sozialistische, nationalistische oder antikommunistische Ideologien, die in Japan in den 20er und 30er Jahren alle parallel existierten.

Ein bedeutender Aspekt im Hinblick auf die japanische Propaganda im 2. Weltkrieg und das japanische Selbstverständnis ist sicherlich auch die teilweise Vermischung von ostasiatischen Völkern mit den Japanern selbst. Zöllner schreibt in seinem Werk, diesen Aspekt betreffend, dass in Korea bis 1939 immerhin 650.000 Japaner lebten, und umgekehrt bis zu 800.000 Koreaner auf die japanischen Inseln emigrierten. Außerdem weiß man, dass während der Kolonialzeit bis zu 300.000 Japaner auf der Insel Taiwan sesshaft wurden (vgl. Zöllner 2009: 310/311/313). Verstärkt durch die Tatsache, dass schon ab 1911 Japanisch als offizielle Unterrichtssprache an koreanischen Schulen eingeführt wurde (vgl. Zöllner 2009: 310), lässt sich erkennen, dass die japanischen Regierungen interessiert daran waren, die japanische Kultur in Ost- und Südostasien als eine Art Leitkultur einzuführen. Diese These lässt sich durch den Slogan „Mutterland und Korea sind ein Körper" (Naisen ittai) (vgl. Zöllner 2009: 312) bekräftigen, der in den Schulen zur damaligen Zeit gelehrt wurde.

Die „Erfolge", die man mit dieser Politik einfuhr, mussten die Japaner allerdings auch zu einem gewissen Maße in ihren Bemühungen bestärken. So meldeten sich beispielsweise drei Viertel aller Koreaner selbst, als von den japanischen Behörden gefordert wurde, dass sich koreanische Familien einen gemeinsamen Familiennamen zulegen müssten. Ebenso legten sich knapp achtzig Prozent auf Empfehlung der japanischen Verwaltung einen japanischen Namen zu (vgl. Zöllner 2009: 312). Ob dies eher freiwillig aufgrund von wirksamer Propaganda und der allgemein etwas verbesserten Lebensqualität unter japanischer Herrschaft, oder unter Druck und Androhung von Repressionen geschah, sei einmal dahingestellt.

Ein weiterer Aspekt ist die Frage nach Wohn- und Lebensraum für das Volk, ein Thema, dass sowohl Japan, als auch Deutschland in ihre Propaganda aufnahmen und das für beide nicht unerheblich war. Im japanischen Kaiserreich wuchs die Bevölkerung mit einer enormen Geschwindigkeit. Noch rasanter ging jedoch der Prozess der Urbanisierung vonstatten. „Der Anteil der Stadtbevölkerung lag 1920 bei 18 % der Gesamtbevölkerung, 1940 bei 38 %, 1965 bei 68 % und 1995 bei 78 %. Nur der Zweite Weltkrieg sorgte vorübergehend für einen Rückzug aufs Land (vgl. Zöllner 2009:

315)". Ich denke, hier wird ersichtlich, dass bei imperialistischen Expansionsplänen in den 1930er Jahren und zu Beginn des 2. Weltkrieges immer auch ein Augenmerk auf der Sicherung der Lebensmittelversorgung der japanischen Bevölkerung und der Schaffung neuer Lebensräume lag.

Im Zusammenhang mit dieser Problematik steht die Krise der einheimischen japanischen Landwirtschaft ab den späten 1920er Jahren (vgl. Zöllner 2009: 338). Aufgrund guter Ernten und Lebensmittelimporten aus den landwirtschaftlich geförderten Kolonien (vor allem Korea und Taiwan), sank der Reispreis erheblich und stürzte viele landwirtschaftliche Betriebe in eine schwere Krise. Da man der Situation nur mühsam Herr wurde, ermutigte man verarmte Bauern und lockte sie mit „massive[n] Anreize[n] um in die Manjurei auszuwandern (vgl. Zöllner 2009: 338)". Im Zusammenhang damit siedelte sich auch eine größere Zahl einer „Art Wehrbauern" (vgl. Krebs 2009: 60) in den Grenzregionen zur Sowjetunion und zur Äußeren Mongolei an. Diese Siedler waren oft japanische Reservisten, die im Falle eines Konfliktes die betreffenden Bereiche sichern sollten (vgl. Krebs 2009: 60). Eine starke Bindung zur Mandschurei, wie zum gesamten ost- und südostasiatischen Raum, konnte daher nur im Interesse Japans sein, da man die neuen Einflussgebiete unter anderem zur „provisorischen" Lösung solcher Probleme benötigte.

In den späten 1930er Jahren kristallisierte sich langsam die für die Machthaber in Japan bedeutende Ideologie der „Einheit des Ostens" (vgl. Zöllner 2009: 372) heraus. Sehr populär wurde diese Weltanschauung durch die Veröffentlichungen des Philosophen Miki Kiyoshi. Er schrieb in seinen Artikeln um 1938: „Die „neue Ordnung des Ostens" solle die kapitalistische und imperialistische europäische Ordnung überwinden (vgl. Zöllner 2009: 372)". Dabei plädierte er dafür, dass Japan dafür Sorge tragen solle, dass diese Ordnung entstehe. Kritische Stimmen entgegneten allerdings, dass diese Einstellung in „Wirklichkeit Anti-Europäismus [sei] (vgl. Zöllner 2009: 372)". Die meisten einflussreichen Politiker und Militärs übernahmen diese Ideologie jedoch und bauten sie zu Propagandazwecken weiter aus. Daher sehe ich, auch im Hinblick auf die Kontrolle und Besänftigung der Massen zu Beginn und während des 2. Weltkrieges, hier auch in gewisser Weise eine selbst aufgezwungene Konsequenz der eigenen Weltanschauung, was sie zu einem sozialen Grund macht.

Die sozialen „Gründe" für den Ausbruch des Pazifischen Krieges mögen nicht das gleiche Gewicht haben, wie andere Teilaspekte, doch meiner Meinung nach wirkten sie als eine Art Druckmittel auf die Verantwortlichen. Auf der einen Seite gab es die sozialen Probleme, die einer Lösung bedurften, auf der anderen Seite die ideologische Verpflichtung, selbst die Beschützerrolle Ost- und Südostasiens einnehmen zu müssen. Ich denke, im Bereich der sozialen Aspekte lassen sich manche der Argumente finden, die Kriegsbefürworter während der entscheidenden Konferenzen mit dem Kaiser

1941 wohl vorgebracht haben, daher sind sie doch erwähnenswert.

Wirtschaftliche Gründe

Wie bereits weiter oben erwähnt, brachte der 1. Weltkrieg für Japan einen großen wirtschaftlichen Gewinn mit sich. Die enormen Deviseneinnahmen konnten in den Ausbau der Infrastruktur und andere Großprojekte investiert werden und ermöglichten außerdem einen Ausbau des Einflusses auf China sowie eine gestärkte Stellung gegenüber den anderen Großmächten, die zum größten Teil verschuldet waren.

Von wirtschaftlichem Interesse war für Japan seither Indochina. Daher waren es „ein Glücksfall und eine unabdingbare Voraussetzung (vgl. Zöllner 2009: 313)", dass man als Kolonialmacht über Taiwan herrschte. Die Insel war ursprünglich als Lieferant von landwirtschaftlichen Erzeugnissen gedacht gewesen (vgl. Zöllner 2009: 312), entwickelte sich jedoch zu einem bedeutenden wirtschaftlichen wie strategischen Außenposten Japans (vgl. Zöllner 2009: 313). Rentable und interessante Wirtschaftszweige wurden staatliches Monopol und fast der gesamte Handel der Insel fand mit Japan statt (vgl. Zöllner 2009: 313).
Je stärker der Einfluss des Kaiserreiches jedoch in Südostasien und Südchina wurde, desto bedeutender wurde auch Taiwan als Umschlagplatz für allerlei Wirtschaftsgüter (vgl. Zöllner 2009: 313). Ein Gebiet stand jedoch bis zum Zweiten Weltkrieg nicht unter japanischer, sondern unter französischer Kontrolle. Die Rede ist von Indochina. Eine Angliederung dieser Region mit ihren Erdölvorräten und sonstigen Ressourcen hätte den gesamten Großraum weiter aufblühen lassen und Japan wirtschaftlich noch unabhängiger gemacht.
Es ist daher nicht verwunderlich, dass die kaiserliche Armee in den ersten Wochen und Monaten des Pazifischen Krieges in Richtung des heutigen Vietnams vorrückte.

Eine äußerst wichtige Tatsache, wenn man die japanische Politik vor und während des 2. Weltkriegs nachvollziehen möchte, ist außerdem die sehr enge Verflechtung von Wirtschaft und Politik im Kaiserreich Japan. Bis zur Machtübernahme durch das Militär kurz vor dem Krieg waren die meisten Kabinettsmitglieder in den verschiedenen Regierungen enge Vertraute oder Verwandte von Familien, denen die größten japanischen Unternehmenskonglomerate (zaibatsu) gehörten. Nachforschungen ergeben, dass beispielsweise 1930 ein Drittel aller Abgeordneten bei Unternehmen angestellt waren, sowie dass 12% des Unterhauses und 28% des Oberhauses bei „zaibatsu" tätig waren, oder dort Verwandte hatten (vgl. Zöllner 2009: 336). Die Regierungen zu dieser Zeit zeigten oft ein ähnliches Bild, oder standen führenden Wirtschaftskreisen sogar noch näher (vgl. Zöllner 2009: 336). Diese Zahlen machen deutlich, dass die japanische Politik immer sehr daran interessiert sein musste, die Interessen der Wirtschaft zu erfüllen und deren Investitionen zu schützen.

Im Zuge eines Bankenskandals 1927, der unter anderem durch das schwere Kanto-Erdbeben von 1923 verursacht worden war (vgl. Zöllner 2009: 351), kam es in Japan zu einer leichten Konzentration und zu Fusionen im Bankensektor (vgl. Zöllner 2009: 351), was vor allem die großen Konzerne und deren hauseigene Banken begünstigte und deren Konkurrenzdruck senkte. Diese Situation verschärfte sich noch, als am 24. Oktober 1929 die Weltwirtschaftskrise ausbrach. Viele Unternehmen gingen bankrott, es kam zu Massenentlassungen, Arbeitskämpfen und teilweise sogar zu Hungersnöten (vgl. Zöllner 2009: 353). Die japanische Wirtschaftskrise wurde des Weiteren noch durch die chinesische Boykottbewegung gegen japanische Waren verstärkt, die nach einem leichten Rückgang wieder einsetzte (vgl. Krebs 2009: 53). Es liegt auf der Hand, dass die größten Konzerne, die sich durch Rücklagen und ähnliche Maßnahmen absichern konnten, die Krisen am besten überstanden und teilweise ihre Dominanz und ihren Einfluss noch ausbauen konnten.

Zur gleichen Zeit kam es durch die wirtschaftlich enorm schlechte Situation, vor allem für die unteren Schichten, zu einem zunehmenden Misstrauen gegenüber bürgerlichen Parteien, da die Öffentlichkeit sie allesamt für korrupt und zu sehr mit der Wirtschaft verbunden hielt (vgl. Zöllner 2009: 353). Das Resultat dieser Stimmung war neben dem „Prinzip der Agrarwirtschaft als Basis (vgl. Krebs 2009: 55)", einer Ideologie, die „stark antimodernistische, antikapitalistische sowie antiwestliche Tendenzen (vgl. Krebs 2009: 55)" zeigte, ein enormer Sympathiegewinn vonseiten des Volkes gegenüber dem Militär und nationalistischen Organisationen, „deren Motive als „sauber", uneigennützig und national gesinnt betrachtet wurden (vgl. Zöllner 2009: 353)". Beide Gruppen verbreiteten expansionistische Propaganda, die von der einheimischen Presse größtenteils positiv aufgenommen wurde (vgl. Zöllner 2009: 353).

In der Folgezeit waren die Ziele von Volk und Wirtschaft also teilweise deckungsgleich, beide strebten eine weitere Expansion und Sicherung der schon bestehenden Kolonien an, auch wenn dies aus der Sicht der „zaibatsu" durch eine ihnen nahestehende bürgerliche Regierung, und aus Sicht der wachsenden nationalistischen Fraktion innerhalb der Bevölkerung durch einen Führungswechsel bzw. das Militär erreicht werden sollte. Die jeweiligen Regierungen zu dieser Zeit versuchten, die „negativen Auswirkungen abzumildern, um der Destabilisierung Japans und der ständigen Putschgefahr entgegenzuwirken (vgl. Krebs 2009: 163)". Ich denke, die Gefahr eines Putsches bestand sowohl durch das Militär, das gegenüber der Wirtschaft auch zunehmend misstrauisch wurde (vgl. Krebs 2009: 55), als auch durch das gemeine Volk, welches, wie schon beschrieben, immer unzufriedener mit den Machthabern wurde. Daher ist es nur verständlich, dass die Politiker in gewisser

Weise nachgaben und sich offener für imperialistische und expansionistische Pläne zeigten, um sowohl die Bevölkerung, als auch Heer und Marine zu besänftigen.

Alle diese Punkte können eher als wirtschaftliche Ursachen, weniger jedoch als wirtschaftliche Auslöser des Pazifikkrieges angesehen werden.

Unmittelbar vor Beginn des Krieges wurde Japan von den USA wirtschaftlich enorm unter Druck gesetzt. Die Sanktionen, die im Spätsommer 1941 von Großbritannien, den Niederlanden und den USA gegen Japan verhängt wurden, hatte man allerdings durch einen schnellen und erfolgreichen Vormarsch in den Süden Französisch-Indochinas zumindest mit zu verantworten (vgl. Zöllner 2009: 376). Ob man allerdings in höchsten Militär- und Regierungskreisen mit derart scharfen wirtschaftlichen Einschnitten gerechnet hatte, ist fraglich. Die Konsequenzen waren jedoch unmittelbar. Japanisches Kapital in den USA wurde eingefroren und ab dem 1. August desselben Jahres „galt ein Ölembargo gegen Japan. Japan bezog vier Fünftel seines Erdöls aus den USA; das Planungsamt errechnete, dass die eigenen Vorräte nebst Lieferungen aus der UdSSR nur noch ein knappes Jahr ausreichten (vgl. Zöllner 2009: 376)". Die Situation für das Kaiserreich wurde also zunehmend ausweglos.

Da die USA auch neben den Öllieferungen einer der wichtigsten Handelspartner Japans waren, wurden sehr bald Rufe nach einem Befreiungsschlag laut (vgl. Zöllner 2009: 376). Dabei sollte einem Krieg mit den USA möglichst eine weitere rasche Südexpansion vorausgehen, um die Ölvorräte und Ressourcen des Südwestpazifiks zu sichern, die einen längeren Konflikt mit dem neuen Gegner erst möglich machen sollten (vgl. Zöllner 2009: 376).

Die starken wirtschaftlichen Einschnitte, die Japan ab Mitte 1941 hinnehmen musste, können also definitiv als ein Auslöser und Grund für den Pazifikkrieg angesehen werden.

Politische Gründe

Ich denke, der Krieg zwischen Japan und den USA im Pazifikraum war das Ergebnis eines Prozesses, der schon seit Beginn des 20. Jahrhunderts in Gang war. Japan strebte, wie sicherlich bisher schon deutlich geworden ist, spätestens ab dem 1. Weltkrieg eine gleichberechtigte Stellung als Großmacht in der Welt an. In diesem Sinne war das Kaiserreich das erste Reich Asiens, dass diese Rolle für sich beanspruchte, was in der westlichen Welt für Unbehagen sorgte, hatte man sich doch beinahe den gesamten Globus schon unter den europäischen und nordamerikanischen Nationen aufgeteilt.

Mit den USA hatte Japan wohl am meisten Kontakt, auch wenn der Austausch hauptsächlich wirtschaftlicher Natur war. Dennoch kam es schon um die Jahrhundertwende vor allem in den USA, aber auch in Europa zu einer antijapanischen Stimmung und die „Gelbe Gefahr" wurde propagiert (vgl. Zöllner 2009: 301), da man Asiaten nicht als den Angelsachsen und anderen Völkern Europas gleichwertig ansah. Einen besonders für Japan tragischen Höhepunkt nahm diese Entwicklung bei der Gründung des Völkerbunds nach dem 1. Weltkrieg, auf diesen Punkt komme ich aber weiter unten noch zu sprechen.

Politisch wurde die Angelegenheit, als es in Kalifornien nach Japans Sieg über Russland zu Übergriffen gegenüber Japanern kam und 1906 „japanischstämmige Schulkinder in San Francisco vom Besuch öffentlicher Schulen ausgeschlossen [wurden] (vgl. Zöllner 2009: 301)". Obwohl die Zahl japanischer Immigranten in die USA mit jährlich etwa 10.000 verschwindend gering war (vgl. Zöllner 2009: 301), fürchteten vor allem die Arbeiter und die Gewerkschaften die Asiaten, da sie der Meinung waren, dass die Japaner ihnen ihre Jobs streitig machen würden (vgl. Zöllner 2009: 301). Diese Ansichten verbreiteten sich auch im Britischen Empire (1906 schloss man in Südafrika asiatische Arbeiter von Führungspositionen aus, der Beginn der Apartheidpolitik) und zum Beispiel in Deutschland (vgl. Zöllner 2009: 301). Entsprechend Japans Reaktion, also der Propagierung einer „Weißen Gefahr" und eines „Gelben Segens" von Japan für die anderen asiatischen Völker (vgl. Zöllner 2009: 301), kam es schon damals zu einer ersten Isolation des Inselreiches in der Weltgemeinschaft, die auch bis zum Ende des Zweiten Weltkrieges nicht vollends überwunden werden sollte.

Nach Beendigung des Ersten Weltkrieges schlug US-Präsident Wilson die Gründung eines Völkerbunds vor, einer Organisation, die den Weltfrieden durchsetzen sollte (vgl. Zöllner 2009: 342). Aufgrund der erlebten Hysterie um eine angebliche „Gelbe Gefahr", sah man im Kaiserreich nun die Zeit gekommen, um dem Rassismus ein Ende zu machen. Daher schlug Japan, als einzige nicht weiße Großmacht, vor, dass „die Gleichberechtigung aller Menschen aller Hautfarben zum Grundprinzip werden [müsse] (vgl. Zöllner 2009: 342)". Dies war eine der wenigen politischen Aktionen, die in Japan selbst „parteiübergreifend und von der Presse im Inland unterstützt [wurde] (vgl. Zöllner 2009: 342)". Die Entrüstung in der japanischen Öffentlichkeit war daher umso größer, als es aufgrund der Haltung der USA und Großbritanniens nicht einmal zur Aufnahme einer abgeschwächten Form der ursprünglichen Formulierung in die Satzung des Völkerbundes kam, man allerdings ohne größere Schwierigkeiten die Kontrolle über die ehemals deutschen Südseebesitzungen und Shandong zugesprochen bekam (vgl. Zöllner 2009: 343). Noch während der Verhandlungen brachen allerdings in China und Korea schwere Unruhen aus und es kam zu Unabhängigkeitsproklamationen, die von Japan militärisch niedergeschlagen wurden, was dazu führte, dass die Japaner ihr mühevoll erarbeitetes Ansehen wieder verspielten (vgl. Zöllner 2009: 343).

Wenig später trafen die USA, Frankreich, Großbritannien, Italien und Japan zur Washingtoner Konferenz zusammen (vgl. Zöllner 2009: 344), um über Fernostfragen und Abrüstungspläne zu verhandeln. Beschlossen werden sollten Grenzen für die Flottenstärke sowie Obergrenzen für die Tonnage von Schlachtschiffen und deren Baustopp (vgl. Zöllner 2009: 344/45). Japan war zwar prinzipiell mit einer Abrüstung einverstanden, fand in den angelsächsischen Mächten allerdings erneut hartnäckige Verhandlungspartner, sodass man seine Forderung, 70% der Stärke der US-Flotte besitzen zu dürfen, aufgeben und mit 60% einverstanden sein musste (vgl. Zöllner 2009: 345).

Auch in der China-Frage kam es zu einem Kompromiss, bei dem die USA ihr „open-door"- Konzept durchsetzen konnten (vgl. Zöllner 2009: 345). Dieses Ergebnis war erneut kein Einflussgewinn für das Kaiserreich. Wichtiger für meine Fragestellung ist jedoch, dass die USA an dem soeben beschriebenen Konzept dauerhaft festhielten, und sich somit im Laufe der Zeit eher auf die Seite Chinas stellten. Dies gipfelte in den für Japan unannehmbaren Forderungen Washingtons kurz vor Kriegsausbruch 1941, dazu später mehr. Außerdem wurde in den 1930er Jahren klar, dass die Amerikaner während der Konferenz den Telegrammverkehr der Japaner entschlüsselt und ihre Erkenntnisse gewinnbringend bei den Verhandlungen eingesetzt hatten (vgl. Krebs 2009: 56). Dies trug dazu bei, dass Unmut und Misstrauen gegenüber den USA weiter zunahmen.

Wie bereits erwähnt, bestand zwischen den beiden Weltkriegen immer eine gewisse Isolation Japans im Hinblick auf die übrigen Großmächte. Problematisch waren in dieser Hinsicht vor allem immer wieder vorkommende Zwischenfälle größeren Ausmaßes sowie das teilweise harte Vorgehen von Militär und Regierung des fernöstlichen Landes. Als Beispiel sei hier das schwere Kanto-Erdbeben von 1923 zu nennen. Die Verwüstung war mit rund 140.000 Toten und ungefähr 570.000 zerstörten Gebäuden kaum vorstellbar (vgl. Zöllner 2009: 346), dennoch entschuldigt dies nicht, was kurz darauf geschah. Aufgrund von haltlosen Gerüchten, die in Tokyo noch während der Brände verbreitet wurden, kam es zu „einem Pogrom sogenannter Bürgerwehren gegen die koreanische Bevölkerung (vgl. Zöllner 2009: 347)". Laut Zöllner waren an den Morden und Gewaltakten auch Reservisten, Feuerwehrleute und sogar Polizisten beteiligt (vgl. Zöllner 2009: 347). Die Todeszahl unter den Koreanern in der Präfektur Kanagawa und in Tokyo beläuft sich wohl auf einige Tausend (vgl. Zöllner 2009: 347). Es ist nachvollziehbar, dass solche Geschehnisse oder auch die Einführung des Gesetzes „zur Wahrung der öffentlichen Ordnung (vgl. Zöllner 2009: 349)", welches sich gegen neue ideologische Strömungen richtete, nicht dazu beitrugen, Japans Ansehen in der Welt zu verbessern. Aber auch von der Gegenseite wurden zeitweise Zeichen gesendet, die in der japanischen Öffentlichkeit nur negativ aufgefasst werden konnten. Im Jahre 1924 setzte man in den USA die Quote für japanische Immigranten für 28 Jahre auf Null (vgl. Zöllner 2009: 350). Dies geschah nachdem vom obersten US-Gericht bereits entschieden worden war, dass Japanern nicht die Staatsbürgerschaft verliehen werden durfte (vgl. Zöllner 2009: 350). Weitere Repressionen folgten und diese Entwicklung wurde in Japan mit Empörung verfolgt.

Am 15. Mai 1932 kam es in Japan zu einem Putsch der Seekadetten. Dieser wurde zwar abgewehrt, doch in dessen Folge übernahm das Militär durch den Premierminister Admiral Saito Makoto die Macht im Staat. Bis 1945 sollte kein weiteres Parteienkabinett mehr zustande kommen (vgl. Zöllner 2009: 360).

Da die Militärs nun die Entscheidungsgewalt hatten (auch wenn sie nicht einig und teilweise zersplittert waren), kündigte man im Dezember 1934 den Washingtoner Flottenvertrag und zog sich Anfang 1936 auch von der Abrüstungskonferenz in London zurück (vgl. Zöllner 2009: 361). Dies machte den Weg frei für einen Rüstungswettstreit mit den USA und Großbritannien (vgl. Zöllner 2009: 361), den Japan aber vor allem gegen die USA nicht gewinnen konnte. Die japanische Politik wurde nun von den mitunter gegensätzlichen Interessen des Heeres und der Marine bestimmt. Bernd Martin fasst diese Situation, hier bezogen auf das Jahr 1942, in seinem Werk „Deutschland und Japan im Zweiten Weltkrieg" recht gut zusammen, er schreibt:

„Die Unfähigkeit zum Kompromiß charakterisiert die strategische Planung Japans während des Zweiten Weltkrieges, insbesondere im Jahre 1942. Die verschiedenartigen Kampfaufträge von Heer und Marine, die sich aus der Lage Japans als See- und Landmacht ergaben, die unterschiedlichen, historisch bedingten politischen und nun militärischen Ziele beider Wehrmachtteile sowie ihre andersartige soziale Zusammensetzung mußten einer Kooperation diametral entgegenlaufen, so lange eine übergeordnete integrierende Instanz fehlte. (vgl. Martin 2001: 22)"

Ab 1931 kam, beeinflusst durch den Heeresminister Araki Sadao und dessen „Fraktion vom Kaiserlichen Weg" (vgl. Zöllner 2009: 361), eine Ideologie auf, die den „nationalen Sozialismus mit dem Kaiser als Mittelpunkt (vgl. Zöllner 2009: 361)" propagierte und große Popularität genoss. Ab diesem Zeitpunkt lässt sich erkennen, dass der Kaiser zunehmend in das ideologische Zentrum rückte, und wieder über die Verfassung gestellt wurde (vgl. Zöllner 2009: 362). Dies geschah jedoch durch nationalistische Bewegungen und das Militär, nicht durch den Kaiser oder seine Familie selbst. Nach einem Putschversuch der „Fraktion vom Kaiserlichen Weg" 1936, konnte die konkurrierende „Kontrollfraktion" endgültig die Kontrolle über das Militär und den Staat an sich reißen, sodass die Situation innerhalb Japans sich erst einmal beruhigte (vgl. Zöllner 2009: 362).

Nach diesen politischen Umwälzungen konzentrierte man sich wieder verstärkt auf außenpolitische Angelegenheiten, die nun aufgrund der Dominanz des Militärs im Staat effektiver und schneller angegangen werden konnten. Die Regierung sorgte mit massiver Propaganda und finanziellen Anreizen dafür, dass sich bis 1939 1,3 Millionen Japaner in Manju Gurun aufhielten (vgl. Zöllner 2009: 364). Obwohl die versprochene „Harmonie der Rassen" (vgl. Zöllner 2009: 364) in der Regel in den Kolonien nicht existierte, weitete Japan auf Druck des Militärs seinen Einfluss in Ost- und Südostasien schrittweise aus und schlug dabei auch bewaffneten Widerstand konsequent nieder (vgl. Zöllner 2009: 364). Diese Entwicklung und der Abschluss des Antikomintern-Pakts mit Deutschland im November 1936 sorgten im Ausland für Unruhe und Alarmbereitschaft, wobei die Bedeutung dieses antikommunistischen Vertrages generell überschätzt wurde. Andererseits mussten die USA feststellen, dass ihr „open-door"- Prinzip aufgrund des wachsenden Einflusses des Japanischen Kaiserreichs in Asien bedroht war. Eine Feststellung, die in Washington sicherlich äußerst negativ bewertet wurde.

Infolge eines Zwischenfalls in der Nacht des 7. Juli 1937 brach der zweite chinesisch-japanische Krieg aus. Hier soll nur erwähnt werden, dass es im Verlauf dieses Waffenganges zu einer enormen Gräueltat seitens der Japaner kam. Beim sogenannten „Nanjing-Massaker" töteten japanische Soldaten nach der Eroberung der chinesischen Hauptstadt in einem Exzess der Gewalt zwischen 50.000 und 75.000 Menschen (vgl. Zöllner 2009: 366/367), manche Schätzungen gehen sogar von bis zu 300.000 Toten aus (vgl. Krebs 2009: 66). Durch diese Aktion verspielte Japan auch noch das restliche Ansehen, das es in der angelsächsischen Welt genossen hatte, und wurde zum Ziel scharfer Kritik und Propaganda (vgl. Zöllner 2009: 365/366).

Um im Krieg die Überhand zu gewinnen und die Macht des Militärs gegenüber dem Parlament noch weiter auszubauen, wurde im März des Folgejahres ein „Gesetz zur nationalen Generalmobilmachung" durchgesetzt, das die persönlichen Freiheiten, die Marktwirtschaft und den Parlamentarismus erheblich einschränkte (vgl. Zöllner 2009: 368). Durch dieses Gesetz wurden „Kapital und Parlament praktisch entmachtet (vgl. Zöllner 2009: 369)" und Japans Wirtschaft wurde in eine Kriegswirtschaft transformiert, während sich in der Gesellschaft der Militarismus durchsetzte. Zöllner nennt die japanische Nation zu dieser Zeit einen „totalitären „Kriegszustands-Staat" " (vgl. Zöllner 2009: 369).

Aus der Sicht der USA betrachtet müssen diese Umwälzungen und kriegerischen Anstrengungen in Japan klare Vorzeichen für einen bevorstehenden Konflikt gewesen sein, denn eine Kontrolle Japans über China widersprach in jeder Form dem, was man sich für Asien und insbesondere den wichtigen Handelspartner China vorgestellt hatte. Als Japan daher seine Ziele für den Krieg in Ostasien veröffentlichte, stießen diese Pläne einer „Neuen Ordnung in Ostasien", in denen auch festgehalten wurde, dass eine westliche Einmischung abgelehnt werde, bei den USA auf entschlossene Ablehnung und Washington ergriff nun klar Partei für China (vgl. Zöllner 2009: 371).

Politisch betrachtet hatte diese Mahnung auf die japanische Regierung wenig Einfluss, doch die USA kündigten mit Wirkung vom Januar 1940 ihr Handelsabkommen mit Japan auf, was ein verheerender Schlag für die japanische Wirtschaft war, da die Vereinigten Staaten immer noch den größten Handelspartner darstellten (vgl. Zöllner 2009: 371). Man musste nun also entweder bereits erobertes Territorium und den dazu gehörigen Einfluss wieder abgeben, um auf diplomatischem Wege mit den USA übereinzukommen und die Handelsbeziehungen wieder aufzunehmen, oder Japan war nun gezwungen, sich in aller Eile um die Erschließung bzw. Einnahme wichtiger Ressourcen zu bemühen; dies konnte allerdings nur auf militärischem Wege geschehen.

Im Zuge des Kriegsausbruchs 1939 in Europa kam es zu einigen Sondierungen mit verschiedenen Nationen, doch ab Mitte 1940 gelangte das Militär zu der Fehleinschätzung, dass Großbritannien Deutschland und Italien sehr bald unterliegen werde, weshalb man die diplomatischen Gespräche mit London nicht weiter fortführte und stattdessen ein Bündnis mit Deutschland anstrebte (vgl. Zöllner 2009: 372). Das Militär plante außerdem, während die europäischen Mächte mit sich selbst beschäftigt waren, einen raschen Südvorstoß und die Einnahme der europäischen Kolonien in Südostasien, man folgte also eher der zweiten gerade beschriebenen Alternative und hoffte darauf, seinen Einfluss, ähnlich wie im Ersten Weltkrieg, unbemerkt und größtenteils ungehindert bzw. ungestraft ausbauen zu können (vgl. Zöllner 2009: 372).

Nach dem Einmarsch japanischer Truppen in den Norden Indochinas im September 1940 und dem Dreimächtepakt zwischen Deutschland, Italien und Japan vom 27. September war nun mehr oder weniger klar, dass das Kaiserreich in diesem Konflikt auf der Seite der Achse stand (vgl. Zöllner 2009: 373). Der Vertrag offenbart auch, dass man in gewisser Weise ähnliche Ziele verfolgte. Deutschland und Italien sollten nämlich in Europa, Japan in Asien eine „neue Ordnung" (vgl. Zöllner 2009: 373) aufbauen. Diese ideologische Gemeinsamkeit war sicherlich kein ausschlaggebender Grund für die japanische Regierung, sich auf die Seite der Mittelmächte zu schlagen, doch eine solche Gemeinsamkeit hätte mit den Alliierten sicherlich nicht bestanden. Nicht unterschlagen werden sollte auch ein Punkt des Abkommens, der besagte, dass man sich im Falle eines Angriffes durch eine noch nicht in den Krieg verwickelte Nation, außer der Sowjetunion, gegenseitig helfen würde. Zöllner folgert, dass in der vorherrschenden Situation hiermit nur die USA gemeint sein konnten (vgl. Zöllner 2009: 373). Die Militärs im fernöstlichen Kaiserreich sicherten sich also im Falle einer Kriegserklärung vonseiten der USA, die aufgrund der geplanten Südexpansion durchaus einkalkuliert werden musste, schon einmal die Unterstützung der europäischen Partner, die nach ihrer Meinung siegreich aus dem europäischen Krieg hervorgehen würden.

Ab diesem Zeitpunkt begann dann auch unter Premierminister Konoe Fumimaro in Japan eine „Politik der Gleichschaltung nach deutschem Muster (vgl. Zöllner 2009: 373)", die Gewerkschaften wurden aufgelöst, eine Einheitspartei geschaffen und Oppositionelle teilweise ruhiggestellt (vgl. Zöllner 2009: 373/374). Obwohl diese Entwicklung bei den Alliierten wohl schlecht aufgenommen wurde und Japans Rolle als „Feind" sich in der Öffentlichkeit und den Regierungen vermutlich festigte, muss hier dennoch darauf hingewiesen werden, dass es in Japan nie zu einem Faschismus kam, der mit dem in Italien oder Deutschland vergleichbar gewesen wäre. Es gab keine Massenbasis und auch keinen umjubelten „Führer", da für die Japaner immer der Tenno die oberste Autorität blieb. Auch die Einheitspartei erreichte bei Weitem nicht den Einfluss und die Stellung der NSDAP in Deutschland oder des Partito Nazionale Fascista in Italien (vgl. Zöllner 2009: 374).

Den japanischen Militärs und der Regierung dienten die Nähe zum Deutschen Reich und der Anschein eines faschistischen Regimes eher zur Abschreckung und zur Demonstration von Stärke, es ging dabei nicht um die Verwirklichung einer bestimmten Ideologie oder um eine wirtschaftliche Umverteilung im Innern (vgl. Zöllner 2009: 376). Ihr Ziel dürfte diese Politik jedoch nicht verfehlt haben, doch gleichzeitig führte sie dazu, dass eine Verhandlungslösung immer unwahrscheinlicher wurde, denn für die demokratischen USA mussten Unterredungen mit einem Japan, das sich als faschistisch präsentierte, zunehmend schwierig werden.

Dies zeigte sich dann auch in den scharfen wirtschaftlichen Sanktionen (siehe Seite 10), die die USA verhängten, als die japanischen Truppen auf Drängen des Militärs in den Süden Französisch-Indochinas einmarschierten. Das Risiko, auf diesem Wege in einen Krieg mit den USA zu geraten, nahm mal wohl auch in Kauf, da man in japanischen Militärkreisen erwartete, dass die Vereinigten Staaten einen Krieg beenden würden, wenn Großbritannien in Europa besiegt sei (vgl. Zöllner 2009: 376/377).

Des Weiteren kamen die Verhandlungen, die ab April 1941 bis zum Kriegsausbruch geführt wurden, zu keinen nennenswerten Ergebnissen, da die Forderungen der USA hart und die Aktionen des japanischen Militärs konträr zu dem waren, was in den USA für den Abschluss eines Übereinkommens als zwingend notwendig angesehen wurde. Da man aber einsah, dass die USA eine Annexion ganz Indochinas durch Japan auf keinen Fall hinnehmen würden, begann man in der 2. Hälfte des Jahres 1941 mit den Kriegsvorbereitungen und zog mit den Minimalforderungen in die wahrscheinlich letzte Verhandlungsrunde, dass die USA sich nicht in China einmischen, Japans Landesverteidigung in Ostasien nicht behindern und die Versorgung des Kaiserreiches mit lebenswichtigen Gütern garantieren sollten. Dafür war man bereit, Indochina auf absehbare Zeit wieder zu verlassen und „die Neutralität der amerikanischen Philippinen zu achten (vgl. Zöllner 2009: 377)". Sollte man unter diesen Umständen zu keiner Verhandlungslösung gelangen, so gäbe es Krieg, wie auf einer Konferenz in Anwesenheit des Kaiser beschlossen wurde.

Nach meiner Recherche beurteile ich diese Forderungen als durchaus verhandelbar, doch nun zeigte sich, was ich schon weiter oben angedeutet habe: Die USA waren nicht dazu bereit, ihr „open-door"- Konzept für China aufzugeben. Die Bitte des japanischen Premiers um ein Gipfeltreffen mit Präsident Roosevelt wurde von den Amerikanern an die unannehmbare Forderung eines japanischen Rückzuges aus Indochina und China geknüpft (vgl. Zöllner 2009: 377).

Hätte man in Japan einen Krieg um jeden Preis gewollt, so hätte eben diesem nun nichts mehr im Wege gestanden, doch es zeigte sich, dass man noch bis zuletzt die Option für eine diplomatische Beilegung des Konfliktes offenhielt, was nicht zuletzt daran lag, dass der Tenno auf diversen Konferenzen seinen „starken Wunsch nach Rettung des Friedens aus[drückte] (vgl. Krebs 2009: 75)".

Nach einer 10-stündigen Verbindungskonferenz, auf der es zu heftigen Kontroversen zwischen Kriegsgegnern und -befürwortern kam, beschloss man zwar am 2. November 1941 den Krieg gegen Großbritannien und die USA, sollten allerdings „die Verhandlungen mit den USA bis zum 1. Dezember erfolgreich [verlaufen], [so] sollte der Angriff [...] abgesagt werden (vgl. Zöllner 2009: 378)". Doch das Angebot, dass die Amerikaner dem japanischen Gesandten am 26. November unterbreiteten, kann fast schon als Beleidigung gewertet werden, da die Forderungen noch schärfer als bisher waren. Für ein Nichtsangriffsbündnis mit den Alliierten hätte Japan demnach alle seine Truppen aus China und Indochina abziehen, eine nationalchinesische Regierung als einzig legitime Vertretung des Landes anerkennen und sein Bündnis mit Deutschland und Italien widerrufen müssen (vgl. Zöllner 2009: 378). Diese Forderungen waren schlichtweg unannehmbar. Folglich beschloss die japanische Regierung in Anwesenheit des Kaisers den Krieg und begann diesen am Morgen des 08. Dezembers 1941 (aufgrund der Datumsgrenze noch der 07. in den USA) mit dem Angriff auf Pearl Harbor (vgl. Zöllner 2009: 378).

Politisch betrachtet würde ich sagen, dass Japans Rolle als Emporkömmling und die damit verbundene Isolation auf der einen Seite und die Übernahme des Staates durch das Militär in den späten 1930er Jahren auf der anderen Seite zum Pazifikkrieg führten. Die stetige Ausweitung des japanischen Einflusses in Ost- und Südostasien muss sicherlich als eine der Hauptursachen für den entstehenden Konflikt mit den Alliierten und vor allem den USA angesehen werden, doch meiner Meinung nach spielt auch die harte diplomatische Gangart der USA in den letzten Monaten vor Kriegsausbruch eine wichtige Rolle, da es in Japan durchaus noch Gruppen mit genügend Einfluss gab, die einen Krieg im Falle einer Verhandlungslösung hätten verhindern können.

Fazit/Zusammenfassung

Unter Berücksichtigung der sozialen, wirtschaftlichen und politischen Aspekte, komme ich zu dem Schluss, dass das Kaiserreich Japan aufgrund einer Entwicklung in den Zweiten Weltkrieg eintrat, die schon Anfang des 20. Jahrhunderts begann und im Pazifikkrieg ihren Höhepunkt nahm. Als erste nichteuropäische Großmacht passte man nicht recht in die Weltordnung der angelsächsischen Nationen und die Spannungen, die im Zusammenhang mit dem Rassismus gegenüber Japanern und Asiaten zwischen Japan und den USA entstanden, setzten sich ungeachtet der wirtschaftlichen Zusammenarbeit fort und verstärkten sich im Laufe der Zeit. Die Uneinsichtigkeit beider Staaten verhinderte dabei einen möglichen Ausgleich, und der einmal vom Kaiserreich beschrittene Weg einer angestrebten Hegemonie in Ost- und Südostasien musste zwangsläufig in einen größeren Konflikt mit den Amerikanern münden.

Als schicksalshaft erwies sich dabei meiner Einschätzung nach die Beseitigung der Parteienkabinette und die Machtübernahme durch das Militär im Jahre 1932. Die grundsätzliche expansionistische und imperialistische politische Ausrichtung Japans änderte sich dadurch zwar nicht, schließlich war diese auch von den Großunternehmern im Sinne der wirtschaftlichen Erschließung der Mandschurei und anderer Gebiete befürwortet worden, doch vor allem das Heer drängte ohne Unterlass auf eine Machterweiterung auf dem Kontinent und sorgte dabei schließlich durch seine unüberlegte und zum Teil eigensinnige Politik in China für eine Isolation und politische Lage Japans, die schließlich zu einem Bündnisschluss mit den Achsenmächten führte.

Dennoch wäre es auch nach dem Abschluss des Dreimächtepaktes für das Kaiserreich Japan möglich gewesen, sich auf die Seite der Alliierten zu schlagen, doch hier spielte nun, neben den erfolglosen Unterredungen mit den meiner Ansicht nach sehr unüberlegt verhandelnden USA, auch die propagierte Ideologie eine Rolle, die die Erschaffung einer „Großostasiatischen Wohlstandszone" zum Ziel hatte und sich ausdrücklich gegen die Herrschaft des Kapitalismus wendete. Große Teile der japanischen Öffentlichkeit stimmten mit dieser Haltung überein. Daher wäre es ein gesellschaftliches Debakel geworden, hätte man sowohl diese ideologische Verpflichtung, als auch, durch einen Rückzug aus China, seinen Anspruch als „Schutzmacht der asiatischen Völker" aufgeben müssen.

Wie in den entsprechenden Kapiteln allerdings schon beschrieben, glaube ich des Weiteren, dass die scharfen wirtschaftlichen Sanktionen durch die USA 1941 in Kombination mit deren unannehmbaren Forderungen und dem starken Drang des Heeres, endlich nach Süden zu expandieren, um sich beweisen zu können, neben den oben präsentierten Ursachen als kurzfristige Auslöser für den Pazifikkrieg und damit den Kriegseintritt Japans in den Zweiten Weltkrieg angesehen werden müssen.

Literaturverzeichnis

Zöllner, Reinhard. Geschichte Japans Von 1800 bis zur Gegenwart, Paderborn 2009

Krebs, Gerhard. Das Moderne Japan 1868-1952, München 2009

Martin, Bernd. Deutschland und Japan im Zweiten Weltkrieg, Stuttgart 2001

Quelle des Bildes auf dem Deckblatt:

http://upload.wikimedia.org/wikipedia/commons/thumb/b/b3/Japanese_Empire_(orthographic_projection).svg/500px-Japanese_Empire_(orthographic_projection).svg.png